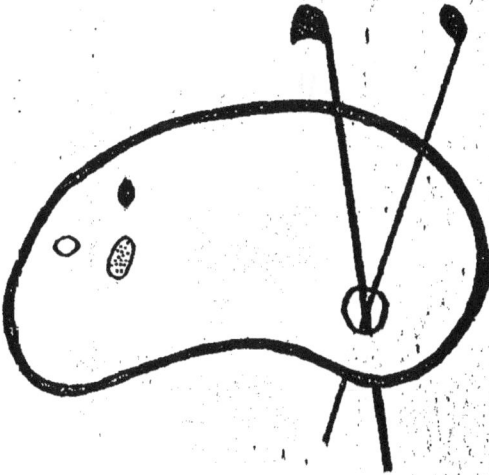

DEBUT D'UNE SERIE DE DOCUMENTS
EN COULEUR

SCIENCE ET RELIGION
Études pour le temps présent

LES ORDRES RELIGIEUX CONTEMPORAINS

26²

Les Salésiens – L'œuvre de Dom Bosco

PAR

le C.te FLEURY

PARIS

LIBRAIRIE BLOUD & Cⁱᵉ

4, RUE MADAME ET RUE DE RENNES, 59

1903

SCIENCE ET RELIGION

Études pour le temps présent. — Prix : 0 fr. 60 le vol.

— Le Levier d'Archimède ou la Mécanique céleste et le Céleste mécanicien, par le R. P. ORTOLAN. 2 vol.
— Ce que le Christianisme a fait pour la femme, par G. d'AZAMBUJA. 1 vol.
— L'Hypnotisme et la Stigmatisation, par le Dr IMBERT-GOURBEYRE. 1 vol.
— L'Education chrétienne de la Démocratie, essai d'apologétique sociale, par CH. CALIPPE. 1 vol.
— La Religion catholique peut-elle être une science ? par l'abbé G. FRÉMONT. 1 vol.
— Du même auteur : Que l'Orgueil de l'Esprit est le grand écueil de la Foi, Théodore Jouffroy, Lamennais, Ernest Renan. 1 vol.
— La Révélation devant la Raison, par F. VERDIER, supérieur de Grand Séminaire. 1 vol.
— Confréries musulmanes. — Histoire, Discipline, Hiérarchie, par le R. P. PETIT. 1 vol.
— Pratique de la Liberté de conscience dans nos Sociétés contemporaines, par l'abbé CANET 1 vol.
— Comment peut finir l'univers, d'après la science, par C. de KIRWAN. 1 vol.
— Les Théories modernes de la criminalité, par le Docteur DELASSUS. 1 vol.
— Faillite du matérialisme par Pierre COUDRET, 3 vol. se vendant séparément :
  I. — Historique 1 vol.
  II. — Discussion : l'atome et le mouvement. 1 vol.
  III. — Discussion : l'éther, les gaz, l'attraction. Conclusion. — Appendice. 1 vol.
— Le Globe terrestre, par A. DE LAPPARENT Membre de l'Institut, professeur à l'Ecole libre des Hautes Etudes, 3 vol. se vendant séparément.
  I. — La Formation de l'écorce terrestre. 1 vol.
  II. — La nature des mouvements de l'écorce terrestre. 1 vol.
  III. — La Destinée de la terre ferme et la Durée des temps. 1 vol.
— De la Connaissance du Beau, sa définition, application de cette définition aux beautés de la nature, par l'abbé GABORIT, archiprêtre de la Cathédrale de Nantes. 1 vol.
— Le Diable dans l'Hypnotisme, par le docteur Ch. HÉLOT. 1 vol.
— De la Prospérité comparée des nations protestantes et des nations catholiques, au point de vue économique, moral, social, par le R. P. FLAMÉRION, S. J. 1 vol.
— L'Art et la Morale, par le P. SERTILLANGES, dominicain, docteur en théologie. 1 vol.
— La Sorcellerie, par J. BERTRAND. 1 vol.
— Qu'est-ce que l'Ecriture sainte ? Les Livres inspirés dans l'antiquité chrétienne : Théorie de l'inspiration, p. le P. Th. CALMES. 1 vol.
— Les Morts reviennent-ils ? par J. BERTRAND. 1 vol.

(Demander la liste complète des volumes Science et Religion, parus à ce jour).

SAINT-AMAND (CHER). — IMPRIMERIE BUSSIÈRE

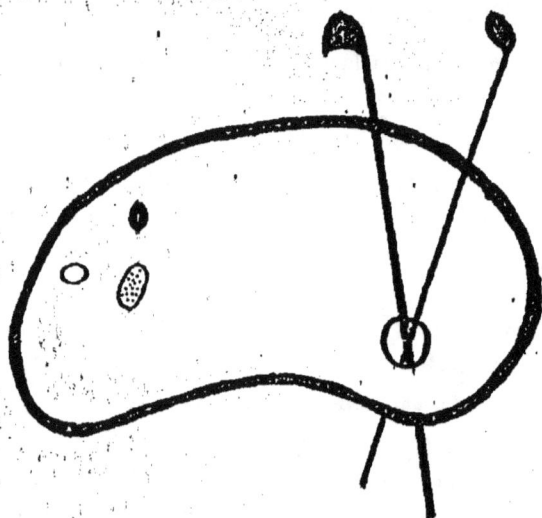

FIN D'UNE SERIE DE DOCUMENTS
EN COULEUR

LES SALÉSIENS — L'ŒUVRE DE DOM BOSCO

OUVRAGES DU COMTE FLEURY

Carrier à Nantes, 2me édition, 1897, Plon.

Louis XV intime, 3me édition, 1899, Plon.

Le Palais de Saint-Cloud, grand in-18 illustré, couronné par l'Académie française, 1902, Laurens.

Souvenirs de M. Delaunay, de la Comédie française, 1902, Calmann Lévy.

Mémoires : de la comtesse de Montholon 1901, Émile Paul ; du colonel Biot ; du comte de la Garde-Chambonas ; du marquis Amand d'Hantpoul, Plon, 1902.

Fantômes et silhouettes, Émile Paul, 1903.

LE CARNET

Revue mensuelle illustrée

Lettres, histoire, arts, politique

6me ANNÉE

Abonnements { France, un an 22 francs, six mois 12 francs
Étranger, « 25 « « 13 «

SCIENCE ET RELIGION
Études pour le temps présent

LES ORDRES RELIGIEUX CONTEMPORAINS

Les Salésiens — L'œuvre de Dom Bosco

PAR

le C.te FLEURY

PARIS
LIBRAIRIE BLOUD & C.ie
4, RUE MADAME ET RUE DE RENNES, 59
1903
Tous droits réservés.

Vu et approuvé :
J. BOLOGNE.

Permis d'imprimer à Paris :

Paris, le 23 janvier 1903,
O. LEFEBVRE,
vic. gén.

Les Salésiens, L'œuvre de Dom Bosco

LES ORDRES RELIGIEUX CONTEMPORAINS

Le nom de celui qu'on a appelé le Saint-Vincent de Paul italien est célèbre dans les deux Mondes. On ne connaît qu'imparfaitement cette œuvre de mansuétude et d'éducation professionnelle que Dom Bosco a placée sous l'invocation de Saint-François de Sales. Il a fallu les derniers événements et les considérants spéciaux dont les établissements salésiens ont eu l'honneur d'être l'objet pour remettre en vedette et les orphelinats ouvriers et leur illustre fondateur : l'heure est venue d'en retracer succinctement l'histoire.

Avant d'exposer ce qu'est devenue l'œuvre salésienne en France, il n'est que juste de consacrer un chapitre à la vie de l'apôtre, de l'éducateur d'enfants dont certains ont voulu faire un thaumaturge et que nous serions tenté d'appeler Saint-Jean Bosco si nous étions en droit de préjuger des sentences de l'Eglise.

PREMIÈRE PARTIE

Le fondateur

I

LA JEUNESSE DE DOM BOSCO

La vérité et la légende se sont disputé la vie de Dom Bosco. Il ne nous sera nullement nécessaire d'invoquer des faits surnaturels pour retracer les phases principales de cette vie bénie de Dieu. Il suffira, par des exemples, de montrer que la grâce providentielle a permis à l'humble berger de surmonter tous les obstacles pour instaurer son œuvre, pour la rendre stable, vivante, et nous l'espérons encore malgré les apparences, impérissable pour le bien des humbles et des déshérités.

Les anecdotes abondent sur la jeunesse de Jean Bosco et force détails nous sont apportés par ses différents biographes, — critiques avisés ou naïfs conteurs (1). Nous n'en retiendrons que ce qui peut être utile à notre courte biographie.

(1) VILLEFRANCHE. — *Vie de Don Bosco*, Imprimeries salésiennes, — Ch. d'Espiney, Don Bosco, Nice, 1896. — Huy-mans. — *Esquisse biographique sur Don Bosco; Courte notice sur Don Bosco*; Léon Aubineau, *Don Bosco*; *Petit Mémorial, Bulletin salésien, Le Contemporain*, article de Saint-Hugon, etc.

Né au hameau de Murialdo, près de Turin, le 15 août 1815, Jean Bosco était tout jeune pâtre lorsque se dévoila sa première vocation de catéchiseur et d'apôtre. Don Calosso, curé de sa paroisse, sollicité par la vive imagination et la piété ardente de l'enfant, s'intéressa à lui, prit soin de ses études à Châteauneuf d'Asti, d'abord, puis à Chieri.

Jean Bosco étonnait ses maîtres et ses condisciples, par la précocité de son intelligence, par la maturité de son jugement, par sa mémoire prodigieuse... surtout par la ténacité de sa vocation. Il entra au grand séminaire de Turin en 1835, fut ordonné prêtre en 1841. On l'entendit dire, le soir de son ordination au curé de l'Eglise Saint-François-d'Assise : « ... Dieu a ramassé par terre un pauvre enfant pour le placer parmi les chefs de son peuple. Il me reste à correspondre à sa volonté en devenant dompteur de bêtes humaines, car il me semble que c'est à cela qu'il m'appelle... »

Sans ambition autre — la plus belle d'ailleurs — que l'apostolat, Dom Bosco s'appliqua à la visite des pauvres, des malades dans les hôpitaux et les prisons, et, en même temps, entra dans l'Institut de Saint-François d'Assise dont les membres s'exerçaient à la prédication et s'initiaient aux œuvres de miséricorde.

Les jeunes détenus sollicitèrent tout particulièrement son attention : leur abandon, les premières fautes... et au bout, la maison de correction ou d'explation, d'où ils sortent plus complètement pervertis et le plus souvent destinés à être le rebut ou le danger de la société, Jean entrevit tout cela. Il avait pu constater la dépravation effrayante de ces malheureux ; il résolut de consacrer sa vie à arracher cette jeunesse aux entraînements, et par l'influence de la religion, d'en faire de braves enfants et de bons chrétiens. Un incident, peu important en lui-même, allait lui fournir l'occasion de satisfaire sa louable ambition.

Comme, le 8 décembre 1841, dans la sacristie de Saint-François d'Assise il revêtait les ornements sacerdotaux pour dire la messe, il entendit une altercation qui lui fit tourner la tête. Le sacristain gourmandait un enfant inconnu, qui semblait s'être égaré dans ce lieu et qui refusait de servir la messe.

— Je ne sais pas, disait l'enfant. — Alors, que viens-tu faire ici? Va-t-en! je n'aime pas les mendiants.

Et le sacristain de pousser l'enfant par les épaules, non pas sans lui administrer quelques taloches persuasives.

— Pourquoi le maltraiter? dit Jean Bosco. Vous ne lui avez pas laissé le temps de s'expliquer. Rappelez-le. Je veux lui parler.

L'enfant est rappelé.

— Comment t'appelles-tu? — Bartolomeo Garelli. — D'où es-tu? — D'Asti. — As-tu tes parents? — Non, mon père et ma mère sont morts. — Quel âge as-tu? — Quinze ans. — Sais-tu lire et écrire. — Je ne sais rien. — Sais-tu tes prières? — Je vous dis que je ne sais rien (1).

Dom Bosco engagea l'enfant à suivre le catéchisme de la paroisse. Bartolomeo rougit, avoua qu'il mourrait de honte, lui garçon de quinze ans, de se trouver au milieu d'enfants plus jeunes et mieux instruits. Le prêtre, alors, offrit de l'instruire lui-même. Le jeune homme accepta avec reconnaissance et, le soir même, Dom Bosco commença l'éducation de son élève. Ce jour-là, naissait l'Oratoire salésien.

Garelli, plein de gratitude pour son nouveau maître fut non seulement élève studieux et attentif, mais comme André, le premier disciple du Sauveur,

---

(1) VILLEFRANCHE. — *Vie de Don Bosco.*

lui aussi amena d'autres disciples à son nouveau
maître. Dès le début de l'année 1842, Dom Bosco
avait réuni vingt enfants; bientôt ils furent plus
de cent; la sacristie de Saint-François d'Assise leur
servait de patronage, et, chaque soir, le prêtre leur
enseignait le catéchisme. Pendant la journée il visi-
tait ses enfants dans leurs ateliers; quand ils étaient
sans place, il leur cherchait du travail, s'employant
de toutes façons à leur venir en aide. Le dimanche,
après les offices, il les emmenait à la campagne et
jouait avec eux.

En 1844, Dom Bosco avait terminé ses études; en
quittant l'Institut Saint-François d'Assise, il fut
nommé directeur de l'hospice Sainte-Philomène et,
en même temps, fut chargé de s'occuper en collaboration avec un prêtre français, l'abbé Borel, d'un
refuge fondé par la marquise de Barolo (1).

(1) Née Colbert-Maulevrier. Elle épousait en émigration
en 1807, le marquis de Barolo. Avec son mari, elle fonda
l'Œuvre des prisons et une œuvre de réhabilitation. Elle
mourut en 1864.

II

LE PREMIER PATRONAGE. PREMIÈRES ÉPREUVES

Dom Bosco put se loger dans ce dernier établissement, et son petit appartement devint le centre du patronage. Mais il ne suffisait pas les jours de réunion, les corridors et l'escalier étaient envahis par près de trois cents enfants. A l'œuvre toujours grandissante et qui semblait en bonne voie il fallait un patron. Un portrait de Saint François de Sales ornait le local dont la marquise de Barolo venait de disposer pour l'Oratoire ; le hasard, et aussi la réputation de mansuétude du Saint, devaient influer sur la décision de Dom Bosco ; son œuvre devint donc l'Oratoire de Saint François de Sales, et voilà comment sa famille porte le nom de Salésienne.

La série des épreuves commença. La marquise de Barolo ayant, pour des raisons restées inconnues, retiré à Dom Bosco les chambres dont il avait pu jusqu'alors disposer, il se réfugia dans la vieille église Saint-Martin, que lui prêta l'archevêque de Turin. Les habitants du quartier de Gênes gênés par le bruit, adressèrent des réclamations au syndic de la ville, le marquis de Cavour. Celui-ci consentit à accorder l'église de Saint-Pierre aux Liens. Les mêmes inconvénients résultant des récréations bruyantes des enfants amenèrent de nouvelles plaintes, et le retrait de la concession du syndic.

Voilà trois cents enfants sur le pavé au printemps de 1846. Que faire ? Dom Bosco allait-il les abandonner, et renoncer à son œuvre de sauvegarde et de relèvement ? En attendant une combinaison heureuse, le patronage avait lieu après la messe et le catéchisme le dimanche en plein air ; toute la journée se passait à la campagne ; à la tombée de la nuit, chacun rentrait chez soi.

Au début de l'hiver il fallut songer à trouver un abri. Dom Bosco loua quelques pièces au Valdocco (*Vallis occisorum* en souvenir d'un champ des Martyrs) non loin du lieu où devait s'élever plus tard l'église de Notre-Dame Auxiliatrice. Il en fut de ce refuge comme des autres. Encore une fois, les voisins réclamèrent contre ce vol d'oiseaux trop bruyants. On s'établit le dimanche dans un pré, mais l'herbe souffrit de ce piétinement, et le propriétaire refusa de prolonger la location. Enfin il se trouva un habitant du nom de Pinardi qui consentit, pour trois cents francs, à louer un hangar, misérable bâtisse qui avait servi de magasin de bois.

L'Oratoire de Saint-François de Sales, aménagé tant bien que mal, semblait un Eden aux enfants depuis si longtemps privés d'abri, mais la concession était-elle définitive ? Les difficultés ne tardèrent pas à recommencer. Le syndic de Turin, changeant son fusil d'épaule, suscita une opposition formidable ; peut-être aurait-elle réussi à faire fermer l'asile de patronage sans l'intervention du comte de Collegno, ancien ministre d'Etat et conseiller de Charles-Albert, qui déclara que la volonté du roi était que Dom Bosco ne fût pas inquiété. Un jour même, le roi fit envoyer une offrande de 300 francs avec ces mots écrits de sa main : *Dei birichini di Dom Bosco* (aux petits drôles de Dom Bosco). Dès ce moment les sympathies arrivèrent en foule tandis que le nombre des enfants augmentait toujours.

Un soir, un enfant affamé vint demander asile à la maison Pinardi. Dom Bosco et sa mère, une sainte femme qui fut d'un puissant secours à son fils, recueillirent le vagabond s'occupèrent de lui et le placèrent. Il travaillait au dehors, et revenait coucher à l'Oratoire. Ce premier interne fut bientôt suivi de beaucoup d'autres ; en 1848, ils étaient trente,

Il fallait penser à s'agrandir, Mais comment trouver des ressources ? Je peu qu'on avait pu récolter suffisant à peine à payer le boulanger, Les meilleures œuvres sont celles dont les débuts se sont offerts difficiles... à la condition pourtant que la persévérante volonté de leur directeur rencontre à l'heure voulue le secours important qui les sauve et les édifie... Dom Bosco, d'ailleurs ne doutait jamais de la Providence,

La maison Pinardi tout entière n'aurait pas été trop vaste pour le patronage, mais comment l'acquérir ? Le propriétaire en demandait 80,000 francs, nul moyen d'entrer en affaires à ce prix,

Un jour Pinardi rencontrant Dom Bosco lui dit : « Eh bien, Dom Bosco ne veut donc pas acheter ma maison ? — Dom Bosco l'achétera lorsque M. Pinardi voudra bien la lui céder à un prix raisonnable. — J'ai dit quatre vingts mille, — Alors n'en parlons plus. — Qu'offrez-vous donc ? — On estime le bâtiment vingt-six ou vingt-huit mille francs ; j'en donne trente, — Vous donneriez bien cinq cents francs d'épingles à ma femme ? — Je ferais ce cadeau. — Vous payerez comptant ? — Je paierai comptant, — Dans quinze jours un seul paiement ? — Comme vous voudrez, — Cent mille francs à qui se dédit. — Va pour cent mille francs de dédit. —

On se touche la main, Marché conclu en cinq minutes. Naturellement, par devers lui, Dom Bosco n'avait pas le plus petit écu, Mais il s'agissait des enfants, sa confiance était absolue,

Cette fois sa foi fut récompensée. A peine la chose était-elle ébruitée que Dom Cafasso lui faisait tenir 10,000 francs de la part de la comtesse Ricardi. Un ami lui confiait 20,000 francs, le banquier Cotta ajouta 3000 francs pour les frais. Bref, le 19 février 1851, la maison était acquise et payée.

On peut appeler ceci un miracle pécuniaire. Dans la vie de combat de Dom Bosco, il en fut toujours ainsi, et les miracles de ce genre se succédèrent sans interruption. Il n'a pas un sou d'avance et il bâtit des églises, nourrit des collèges, fonde une œuvre de sacerdoce, en crée une autre pour les vocations tardives, et toutes ces fondations vivent. A certains moments, il semble que tout va crouler : la caisse est vide et des traites énormes arrivent. On s'inquiète autour de Dom Bosco ; il tourne négligemment la tête, il dit : « C'est bien. » Mais on insiste. « C'est l'affaire de sa Providence »... Et toujours, qu'il s'agisse de 30 francs ou de 40,000 francs, quelqu'un apporte à temps la somme, et Dom Bosco, que cela ne surprend pas, sourit. (1)

Pour bâtir une chapelle convenable, maintenant qu'il était propriétaire, Dom Bosco dut se mettre en quête de nouvelles ressources. Cette fois encore, les aumônes vinrent, et aussi une subvention du roi Victor-Emmanuel. La première pierre de l'église Saint-François de Sales fut posée le 20 juillet 1851, et sa consécration eut lieu le 20 juin de l'année suivante.

A côté de la chapelle vinrent peu à peu se grouper d'importantes constructions. Divers incidents traversèrent cette entreprise. D'abord, en 1852, l'explosion d'une poudrière à 500 mètres de l'Oratoire, les murs crevassés et lézardés. Quelques mois après des pluies diluviennes détrempaient tellement

---

(1) Huysmans *Biographie*. — Aubineau, *Dom Bosco*.

les murs de la nouvelle bâtisse en construction qu'elle s'effondra tout entière. En 1861, c'est la foudre qui tomba sur l'Oratoire... On répara, on reconstruisit encore en 1862 et 1863. Enfin l'Oratoire fut complété par l'édification d'une église dédiée à Notre-Dame Auxiliatrice, commencée en 1865 et achevée en 1868.

III

Que maintes difficultés aient traversé l'œuvre grandissante de Dom Bosco, qu'il ait été jalousé, critiqué, vilipendé, calomnié, nul n'en doute. Il fut même plusieurs fois attaqué, reçut des coups de bâton, esquiva des coups de révolver, et surtout, par sa courageuse attitude mit plusieurs fois en fuite des agresseurs. D'où venaient ceux-ci? Voleurs la plupart qui pensaient la bourse de Dom Bosco bien garnie.

Un de ses biographes donne le récit de toutes ces agressions, où le patron des abandonnés échappa au danger. L'une des anecdotes vaut la peine d'être retenue.

Dom Bosco, rentrant un soir, traversait un petit bois. Un homme se précipite et lui demande la bourse ou sa vie.

— La bourse je n'en ai pas, dit le prêtre sans s'émouvoir. La vie, c'est Dieu qui me l'a donnée, lui seul peut la reprendre.

— Allons, l'abbé, pas tant de façons; la bourse ou je frappe.

A ce moment, Dom Bosco reconnut dans son agresseur un des détenus qu'il avait autrefois catéchisés dans sa prison de Turin.

— Tiens, c'est toi, Tonio, dit le prêtre. Il faut

avouer que tu tiens mal tes promesses et que tu fais un vilain métier. J'avais tant de confiance en toi, et te voilà !

Le voleur baissait la tête, tout confus.

— Bien sûr, mon Père, dit-il, que je ne savais pas que c'était vous ; vous pouvez croire que je vous aurais laissé bien tranquille.

— Cela ne suffit pas, mon enfant, il faut absolument changer de vie.

Et voilà le prêtre catéchisant son ancien élève, le forçant à s'agenouiller et à se confesser. Après quelques hésitations, l'autre se met à genoux, Don Bosco lui passe un bras autour du cou, et comme autrefois, en le pressant sur son cœur, il entend l'aveu de ses fautes. Puis il l'embrasse, lui donne une médaille de Notre-Dame, et le peu d'argent qu'il avait sur lui. Après quoi il part en compagnie de son voleur qui le conduisit jusqu'aux portes de la ville, et, nous assure-t-on, qui devint par la suite un très bon sujet.

Sur le chapitre d'anciens élèves retrouvés par Dom Bosco, les exemples ne sont pas rares. Il ne les rencontrait pas tous replongés dans les bas fonds de la société, tant s'en faut. En face du voleur de grand chemin, il serait bon de noter les contre-maîtres, les négociants, les ouvriers de toute sorte qu'a formés et dirigés le patronage du Val d'Occo. Ceux-là n'ont pas d'histoire... D'autres en ont eu une qui ressemble à un roman. Témoin ce colonel qui, rencontrant le prêtre sur le Corso à Rome en 1877, l'aborda en lui demandant avec instances s'il était bien Dom Bosco. Celui-ci, après avoir hésité, tant les allures brusques de son interlocuteur lui semblaient étranges, lui répond, qu'en effet, il était bien Dom Bosco.

A peine eut-il dit son nom que le colonel se jette à ses pieds, lui prend les mains qu'il embrasse.

— Oh ! mon bon Père !

— Qu'avez-vous, colonel, que faites-vous ?

— Mais, mon bon Père, vous ne reconnaissez donc pas le petit orphelin que vous avez recueilli à... lorsque, seul au monde, il ne savait que devenir.? Pendant six années vous lui avez donné asile, vous lui avez servi de père et de mère, et vous ne voulez pas qu'il vous dise sa reconnaissance !

— Tiens, c'est toi, gamin ! fait Dom Bosco en souriant, et lui donnant une tape sur la joue. Il paraît que tu n'as pas mal fait ton chemin dans le monde ?

Et le colonel raconte comment il s'est engagé, comment grâce à l'instruction reçue il est devenu assez vite officier, et même officier supérieur. Et il ne consent à quitter Dom Bosco, que lorsqu'il a obtenu sa promesse formelle qu'il viendrait dîner chez lui le lendemain. Promesse tenue, et le lendemain il lui présentait sa femme et ses trois enfants (1).

Je renonce à rappeler toutes les anecdotes concernant les pupilles de Dom Bosco, on les trouvera dans les biographies auquel j'ai fait quelques emprunts.

Si je n'avais hâte d'arriver à la fondation de l'œuvre de Marie Auxiliatrice, et ensuite à l'organisation en France de l'œuvre saléslenne, je m'étendrais sur les difficultés politiques rencontrées par Dom Bosco en Italie. Je ne puis qu'en parler brièvement.

Il avait été assez adroit pour gagner les bonnes grâces du ministre Ratazzi qui, malgré sa politique anti-religieuse, avait pris en affection particulière l'œuvre du Saint Vincent de Paul italien.

L'archevêque de Turin, en 1854, venait d'être exilé de sa ville épiscopale, et l'événement avait fait grand bruit. Malgré leur âge, les enfants de Dom Bosco n'étaient pas sans s'occuper de cet exil, Un

(1) D'Espinay, *loc. cit.*

2

dimanche, le prêtre faisait son catéchisme ordinaire ; un petit garçon demanda la permission de l'interroger et lui dit : « Si Trajan fit une injustice en exilant le pape saint Clément, que devons-nous penser de notre gouvernement qui a exilé notre archevêque Mgr Franzoni ?

Un autre que Dom Bosco eût pu se trouver embarrassé. Il répondit tranquillement : « Mon ami, Trajan commit une injustice comme tous ceux qui persécutent l'Église et, de plus, une imprudence, car l'obéissance à Dieu est la garantie de l'obéissance aux princes. Voilà la thèse. Quant à l'application au temps présent, réservons la à ceux qui feront le catéchisme dans cent ans. Pour le moment, respectons l'autorité sous ses deux formes, civile et religieuse.

L'enfant insiste ; — Mais si vous étiez archevêque ? Dom Bosco le renvoya à ses leçons et n'en dit pas davantage.

Au sortir de l'église, le catéchiste se vit aborder par un homme de grande taille qui le félicita sur sa réponse adroite et ferme ; c'était le ministre Ratazzi qui accompagna Dom Bosco au patronage et causa longuement avec lui. Depuis, les relations des Salésiens avec le ministre furent cordiales ; après des négociations où Ratazzi se montra plus libéral que ses subordonnés, il fut même permis à Dom Bosco de faire sortir les enfants des prisons, et ce ne fut pas un spectacle ordinaire de voir, certain dimanche, 350 jeunes détenus menés en promenade sous l'égide du prêtre. Le soir, le directeur de la prison constata, en faisant l'appel, que tous les enfants étaient de retour et qu'il n'en manquait pas un seul...

Les persécutions que le ministère Ratazzi lui avait évitées devaient commencer sous ses successeurs au fur et à mesure que les rapports entre le Saint Siège et la Cour de Piémont devenaient plus tendus. On accusa Dom Bosco d'entretenir des relations avec le Pape, avec l'archevêque exilé, on multipliait les visites domiciliaires dans sa maison ; à tout prix on voulait trouver la trace d'une conspiration. La crise était à l'aigre en 1866.

Il voulut un jour s'en expliquer ouvertement avec le ministre de l'intérieur Farini. D'abord celui-ci l'accueillit bien et lui parla favorablement de ses œuvres. Saisissant la balle au bond : « Mes œuvres, reprit Dom Bosco, mais vous les rendez impossibles par les vexations de vos agents. Ne soyez pas surpris puisqu'il en est ainsi, que je m'en décharge entre vos mains et que je vous amène ici tous mes orphelins ! »

Le ministre détourna la conversation et reprocha à Dom Bosco ses rapports avec le cardinal Antonelli et le Saint-Siège ; réponse très courtoise de Dom Bosco sur son droit de correspondre avec le pape et les évêques. Le ministre se fâcha, traita son interlocuteur de fou ; il fallut l'entrée du Chef du cabinet, le comte de Cavour pour apaiser les débats. On rompit des lances aigres-douces de part et d'autre, Cavour s'efforçant de prouver à Dom Bosco qu'on ne pouvait à la fois être pour le Pape et pour le Roi, Dom Bosco appuyant sur le fait qu'il recueillait des centaines d'enfants pauvres et ne faisait pas de politique... On se quitta en bons termes apparents, mais ni les ministres ni Dom Bosco ne changèrent de système, et la maison du Val d'Occo fut de plus en plus tenue pour suspecte.

IV

LA SOCIÉTÉ SALÉSIENNE — LES MISSIONS

Pour lutter, pour continuer la propagation de son œuvre, il fallait à Dom Bosco des collaborateurs. D'abord quelques prêtres de Turin lui avaient prêté son concours ; il lui tardait de recruter des auxiliaires parmi ses propres enfants, et sa principale préoccupation fut de faire naître des vocations et d'élever des enfants pour le sacerdoce.

Dès 1857 il avait réuni en communauté religieuse une quinzaine de jeunes prêtres et clercs formés par ses soins et leur donnait une règle. La *Société salésienne* était fondée. Ses constitutions furent approuvées par le Saint-Pontife en 1874, le 3 avril.

Deux ans avant, en 1872, la Congrégation salésienne avait vu naître auprès d'elle deux institutions qui devaient assurer et étendre son action. L'activité prodigieuse de Don Bosco lui permit de faire sourdre de terre une œuvre de sacerdoce et une œuvre de refuge pour les petites filles.

L'*Œuvre de Marie-Auxiliatrice* eut pour mission de favoriser et aider les vocations sacerdotales : par elle, Don Bosco a donné à l'Eglise plus de 6.000 prêtres, dont douze cents sont restés dans la société salésienne.

(1) La mère de Don Bosco, était morte le 25 novembre 1856.

L'autre création est celle des *Sœurs de Marie-Auxi-liatrice* ; c'était, pour les petites filles abandonnées, une œuvre analogue à celle de Dom Bosco pour ses jeunes vagabonds. Au Val de Mornèse, diocèse d'Al-qui, existait une congrégation de jeunes filles, fondée par le curé de la paroisse, Dom Pestarino, sous le pa-tronage de Marie Immaculée ; parmi les associées se trouvait une femme d'admirable dévouement, Marie Mazarello, qui avait créé un ouvroir où elle caté-chisait et instruisait les petites filles.

Dom Pestarino s'étant affilié à la Société Salé-sienne, Dom Bosco réunit la Congrégation de Marie Immaculée et l'asile des petites filles en une seule association qu'il plaça sous le patronage de Marie-Auxiliatrice.

D'abord les religieuses manquèrent de tout, « hors de foi et d'espérance » dit M. Du Boys. Il fallait men-dier le pain de chaque jour, jusqu'au bois pour faire cuire la *polenta*, « Si ma mère était là, s'écriait Don Bosco, comme cette pauvreté lui plairait ! » (1) Et il se rappelait les difficultés de ses débuts, la misère et les tracas qui avaient fait cortège à son œuvre naissante... Il mit tout en œuvre pour épargner aux Sœurs ces angoisses de la première heure.

Il n'avait pas hésité à soumettre la nouvelle fonda-tion au Saint-Siège ; Pie IX l'encouragea ; il lui donna son vrai brevet de vitalité en enjoignant que ses Sœurs resteraient à jamais sous la dépendance des supé-rieurs salésiens. « Qu'elles soient vis-à-vis de vous et et de vos successeurs ce que furent les Sœurs de Charité vis-à-vis de saint Vincent de Paul et ce qu'elles sont encore vis-à-vis du supérieur Général des Lazaristes. Alors, tout sera pour le mieux. » Le 5 août 1872, Marie Mazarello recevait avec ses com-pagnes l'habit religieux des mains de l'évêque d'Al-qui. Dès lors la Congrégation des Filles de Marie Auxiliatrice prit comme l'Oratoire de Valdocco, une grande et rapide extension.

Sur la demande du Commandant Gazollo, Consul de la République Argentine à Savone, une expédition de missionnaires ne tarda pas à être organisée pour l'Amérique du Sud, où se trouvaient de nombreux émigrants italiens. En novembre 1875, dix religieux et quinze sœurs de Marie-Auxiliatrice se mirent en route pour Buenos-Ayres. Dom Cagliero qui avait conduit la première expédition religieuse, fut en 1884, sacré évêque de Magida par Léon XIII. Depuis 1875, il ne s'est pas passé d'année sans qu'on fasse au moins un départ, quelquefois deux ou trois. Près de quarante expéditions dont quelques unes comptent 100 et plus de missionnaires destinés à différentes régions. Actuellement il y a plus de 800 missionnaires salésiens qui travaillent dans les missions en plus de 150 postes différents. Les Salésiens ont des missionnaires dans la République Argentine, dans l'Urugay, le Paraguay, au Brésil, au Thibi, au Pérou, au Mexique, parmi les sauvages de la Patagonie, des Pampas de la Terre de Feu... Le nombre des églises et des chapelles bâties dans les missions dépasse la centaine.

V

INTRODUCTIONS EN FRANCE DE L'ŒUVRE. — DOM BOSCO A PARIS.

J'arrive à l'introduction en France de l'œuvre salésienne. Les maisons s'étaient multipliées en Italie; Dom Bosco n'épuisa pas son zèle au service de sa patrie mais voulut créer des maisons de l'autre côté des Alpes.

La première fondation fut celle de Nice en 1875; modeste et pauvre s'il en fut le premier logis. Un rez-de-chaussée exigu, presqu'une cave rue Saint-Victor dont la société de Saint-Vincent de Paul payait le loyer... Bientôt les enfants affluèrent et il fallut chercher un autre local. Dom Bosco vint à Nice, visita une maison qu'on lui indiquait et l'acheta aussitôt... comptant sur la charité publique pour procurer la somme nécessaire. Un sermon de Mgr Mermillod, évêque de Genève, emporta de grosses souscriptions, d'autres dons arrivèrent... en quelques jours le prix de la maison, et au-delà, était obtenu.

Dom Bosco réussit à Nice, il réussit à Avignon, à Grenoble, à Lyon. Il devint bientôt populaire dans tout le midi, de cette popularité qui touche au fétichisme et qui a l'inconvénient de tous les mouvements exagérés d'exaspérer ceux qui n'y prennent pas part. Dom Bosco arrivait à Paris avec la réputation presque miraculeuse qui l'escortait dans certains milieux italiens. Si admirable que fût son œuvre, d'aucuns voyaient là une hyperbole, et Paris charitable, un peu blasé sur les manifestations, semblait vouloir accueillir sceptiquement le patron des abandonnés dont la célébrité était universelle.

Il n'en fut rien pourtant. Le scepticisme s'effaça devant le mouvement spontané accueillant Dom Bosco avec enthousiasme. La curiosité s'en mêla, le Tout Paris profane voulant emboîter le pas derrière le Tout Paris chrétien. Tous voulurent voir l'apôtre, et dans sa maison de la rue de la Ville l'Evêque où il était descendu ce fut un interminable défilé de visiteurs.

Dom Bosco vint et il vainquit. Il précha à Notre Dame des Victoires le 28 avril, à la Madeleine le 29 et encore à Saint-Sulpice. Dans ses entretiens très simples, il raconta la genèse de son œuvre, comment il n'avait jamais perdu confiance même dans les phases les plus difficiles. On a pu sténographier son sermon de la Madeleine. Rien n'est moins apprêté, rien n'est plus simple, rien de plus éloquent puisque c'est par l'exposé des faits qu'il voulait conquérir son public, et il le conquit. Il pouvait énumérer les résultats obtenus, dénombrer les maisons établies (164 en 1884), les enfants instruits, les missionnaires installés... Pour continuer son œuvre, pour la répandre en France où les trois établissements de Nice, de la Navarre près Hyères et de Marseille fonctionnaient déjà — il demandait des subsides, de gros subsides... On ne les lui marchanda pas. Il put en peu de temps mettre sur pied des patronages et des établissements professionnels à Lille et à Paris. Les abandonnés allaient connaître les nouveaux refuges dont nous nous occupons plus loin. Qu'on ne nie pas, à vingt ans de distance, le religieux empressement des Parisiens, l'enthousiasme de milliers et de milliers d'auditeurs. Les faits sont là ; Dom Bosco fut populaire et acclamé, et c'est pourquoi ceux qui veulent perdre son œuvre l'appellent charlatan, et raillent ses *pseudo* orphelinats.

C'est pendant un de ses séjours à Paris que Dom Bosco reçut une visite dont parlèrent les journaux à l'époque. Voici le récit peu connu du P. Raget, mariste.

Un soir, on introduisit auprès de Don Bosco un personnage qui lui était parfaitement inconnu. Après trois heures d'antichambre, le visiteur avait vu enfin arriver son tour ; il était onze heures.

A peine entré, l'inconnu prononça ces mots :

— N'allez point vous épouvanter, Monsieur, si je vous dis que je suis un incrédule, et que, par conséquent, je n'ajoute aucune foi aux miracles que certains vont proclamant.

Dom Bosco répondit :

— J'ignore à qui j'ai l'honneur de parler, et je ne veux point le savoir ; je vous assure que je ne chercherai pas le moins du monde à vous faire croire ce vous ne voulez pas admettre. Je ne vous parlerai pas davantage de religion ; vous ne paraissez nullement vous soucier qu'on vous en entretienne. Toutefois, dites-moi : dans tout le cours de votre vie, avez-vous toujours pensé ainsi ?

— Dans mon enfance, je croyais comme croyaient mes parents et mes amis ; mais, dès le moment où j'ai pu réfléchir et raisonner, j'ai mis de côté la religion et j'ai vécu en philosophe.

— Qu'entendez-vous par ces mots : vivre en philosophe ?

— Mener une vie heureuse, sans croire au surnaturel ni à la vie future, moyen dont se servent les prêtres pour effrayer les gens simples et de peu d'instruction.

— Et vous, qu'admettez-vous en fait de vie future ?

— Ne perdons pas le temps à traiter cette question ; je parlerai de la vie future quand je me trouverai dans le futur.

— Je vois que vous plaisantez ; mais, puisque nous sommes sur ce sujet, ayez la bonté de m'écouter. Dans le futur, il pourra bien se faire qu'une maladie vienne, à l'improviste, fondre sur vous.

— Sans doute, fit l'inconnu, qui avait l'air d'un homme robuste, mais déjà avancé en âge, d'autant plus qu'à mon âge on est exposé à une foule de maladies.

— Et ces maladies ne pourraient-elles pas vous conduire au tombeau ?

— C'est inévitable, personne ne pouvant se dispenser de payer son tribut à la mort.

— Et quand, arrivé à votre dernière heure, vous serez sur le point d'entrer dans votre éternité... ?

— Je me donnerai du cœur pour être philosophe et pour ne pas croire au surnaturel.

— Et qui vous empêchera, au moins à ce moment, de penser à l'immortalité de votre âme, à votre religion ?

— Rien ! mais ce serait un acte de faiblesse qui me couvrirait de ridicule aux yeux de mes amis.

— Cependant, quand vous serez au terme de votre vie, il ne vous coûtera rien de procurer la paix à votre conscience !

— Je le conçois, mais je ne crois pas nécessaire de m'abaisser à ce point.

— Si vous êtes ainsi, qu'espérez-vous donc ? Bientôt le présent ne vous appartiendra plus ; du futur, vous ne voulez pas qu'on vous en parle. Quelle est donc votre espérance ?

L'inconnu baissa la tête ; il médita.

Au bout d'un instant, Dom Bosco reprit :

— Il vous faut penser à l'avenir suprême. Vous avez, devant vous, un peu de vie encore ; si vous en profitez pour rentrer dans le sein de l'Église, et implorer la miséricorde de Dieu, vous serez sauvé, et sauvé pour toujours. Dans le cas contraire, vous mourrez en incrédule, en réprouvé, et tout sera fini pour vous. Vous n'aurez plus rien à espérer que le néant, comme vous le dites, ou le supplice éternel...,

Le vieillard répondit :

— Vous me tenez là un langage où je ne vois ni religion ni philosophie ; c'est une parole d'ami que je ne refuse pas d'écouter. Je sais que de tous mes amis, très avancés en fait de philosophie, aucun n'a jamais résolu le problème : ou l'éternité malheureuse ou le néant ! Je veux méditer sur ce que vous venez de me dire, et, si vous le permettez, je reviendrai vous voir.

Il serra la main de Dom Bosco, lui remit sa carte et sortit. Dom Bosco lut alors le nom de son visiteur : Victor Hugo.

Le grand poète revint, quelques jours après, à la même heure, et dit à Dom Bosco en lui prenant les mains :

— Je ne suis plus le personnage de l'autre jour ; je vous ai fait une plaisanterie en me présentant comme un incrédule. Je suis Victor Hugo et je vous prie de vouloir bien être mon ami dévoué. Je crois à l'immortalité de l'âme, je crois en Dieu, et j'espère bien mourir entre les bras d'un prêtre catholique qui puisse recommander mon âme au Créateur.

VI

MORT DE DOM BOSCO

Frappé de paralysie depuis deux ans, Dom Bosco s'éteignait à Turin le 31 Janvier 1888 à l'âge de 72 ans et demi. Peu de mois auparavant, il venait d'assister à la Consécration de l'église du Sacré Cœur sur le Mont Esquilin à l'édification de laquelle les sermons avaient tant contribué (1). Ses derniers moments furent entourés de témoignages imposants ; Plusieurs fois Dom Bosco reçut la visite du cardinal Alimonda, archevêque de Turin ; le duc de Norfolk, les archevêque de Malines et de Cologne, l'évêque de Trèves, Mgr Richard, archevêque de Paris et un grand nombre de pélerins de Rome vinrent prier à son chevet.

L'émotion fut grande dans Turin à la nouvelle de cette mort. Une foule émue, grossie des habitants des villes et des villages environnants, se pressait dans la chambre mortuaire, pour contempler les traits de celui qu'on considérait comme un saint. Ce mot d'ailleurs fut prononcé par le pape Léon XIII, comme on lui communiquait le télégramme de Dom

(1) Dom Bosco avait tendu sa bourse de quête en Italie, en Espagne, en France. Quand il revint de ses voyages, il trouva l'église presque achevée ; elle avait coûté trois millions.

Rua successeur de Dom Bosco : *Dom Bosco è un sancto, un sancto, un sancto !*

Les obsèques donnèrent lieu à une démonstration populaire comme jamais Turin n'en avait vu : 20 000 personnes composaient le cortège, 100.000 assistants formaient la haie. Ce fut, au dire des témoins, une marche triomphale, une véritable apothéose. Comme l'a dit l'évêque de Barcelone dans son oraison funèbre, Dom Bosco fut la gloire de l'humanité au bien de laquelle il sacrifia sa vie entière ; il fut la gloire de l'Eglise et de tous les ordres religieux.

Nous avons assisté à l'éclosion de l'œuvre, suivi pas à pas les étapes d'apostolat de son fondateur, il nous faut examiner le « système » d'éducation des Salésiens.

DEUXIÈME PARTIE

Le « système » salésien

Entre l'enseignement professionnel donné par les Maisons de Frères et celui donné par les Maisons de prêtres Salésiens, il est une différence caractéristique.

Si l'on excepte l'Œuvre de saint Nicolas, les Frères des Ecoles chrétiennes ont, dans leurs établissements, installé l'enseignement professionnel avec des programmes divers, variant avec les circonstances. Ici ce sont des écoles indépendantes avec prédominance de la théorie sur la pratique. Là, les travaux manuels ont la prédominance ; ailleurs ce n'est que la préparation à une instruction technique plus développée qui serait donnée dans un autre établissement plus spécial.

Le programme de Dom Bosco est unique ; le métier est le but direct de sa fondation. On veut rendre à la société sans autre intermédiaire des enfants ayant reçu un *enseignement industriel primaire* qui puissent immédiatement gagner leur vie de façon honorable. Leur apprentissage doit donc alors être poussé à ses dernières limites ; l'instruction primaire des classes n'est là qu'une préparation, un accessoire — accessoire indispensable certainement et qu'on est loin d'avoir négligé — mais qui ne se trouve jamais faire seul l'objet d'une fon-

dation comme cela a lieu dans quantité de maisons
dirigées par les Frères des Écoles chrétiennes.

Il va sans dire que le système d'éducation, tout
au moins dans ses principes, est sensiblement le
même. Peut-être dans les maisons de Dom Bosco
verrait-on se détacher une organisation particulière,
qui correspond véritablement en ce siècle à un besoin spécial de la Société : *Christianiser l'ouvrier.*

Dans chaque établissement deux sections principales importantes. Environ la moitié des enfants est
destinée au travail des ateliers. L'autre moitié se
compose de ceux qui, âgés de moins de 13 ans
suivent un cours primaire et aussi de ceux qui, bien
doués du côté de l'intelligence, suivent des cours
d'enseignement secondaire. Parmi ceux-là se recru-
teront des citoyens qui font honneur à l'Œuvre dans
toutes les professions, carrières libérales, armée,
clergé ; *La pieuse union salésienne* ne se recrute pas
autrement. De ce rapprochement entre l'ouvrier du
travail manuel et de l'ouvrier de la pensée ne
peuvent résulter que les conséquences les plus heu-
reuses pour l'avenir. Là pourrait être une des clefs
du Socialisme chrétien dont la réalisation est encore
aujourd'hui du règne utopique, et que d'aucuns,
suivant la ligne de conduite tracée par le Souverain
Pontife, appellent de leurs vœux. Il y a communauté
absolue de régime entre eux et ceux qui restent des
apprentis. Ils sont traités sur le même pied d'égalité,
ils doivent vivre de même que des frères ensemble.
Les professeurs ou chefs d'ateliers sortent du rang,
ils ont été élevés par charité comme leurs élèves ; les
métiers qu'ils enseignent de préférence sont ceux de
typographe, de menuisier, de tailleur, de relieur,
de cordonnier, de serrurier, de mécanicien.

Les ouvriers quitteront le bercail experts en leur
profession et possesseurs d'un petit capital. Une
gratification de 10 0/0 sur une journée ordinaire de
6 francs est en effet allouée aux apprentis. La moi-

tié de cette gratification est remise à l'apprenti en bon argent, l'autre est portée à la masse, et ne sera acquise qu'à la fin de l'apprentissage. Ils possèdent également des livrets de Caisse d'Epargne, car le goût de l'économie leur est inculqué : le moindre dépôt, ne fût-il que de 0,10 centimes, est favorisé, si bien qu'une fois sortis de la maison, ils sont à même, s'ils n'y demeurent pas en qualité de prêtres ou de professeurs, de se tirer d'affaire.

La situation peut se résumer en deux mots : on prend un enfant abandonné sur le pavé, et qui deviendrait sans doute un sacripant ; on en fait un garçon honnête et pieux ; on l'instruit, on lui met un état entre les mains, et un peu d'argent, qui, s'il a de l'ordre, lui servira à s'établir. Que sont les utopies des collectivistes, socialistes « et autres chevaucheurs de chimères ou marchands de coquecigrues en face de ces résultats tangibles, de ces effets prouvés ? » (1)

Si l'ensemble des résultats est plus que satisfaisant, si ces apprentis sont économes et laborieux, s'ils sont nantis d'âmes vraiment propres, cela tient à une éducation spéciale, à des soins particuliers, à un système de culture qu'ignorent les incroyants et les impies.

Piété, patience, mansuétude voilà les clefs de voûte du système, que Dom Bosco avait emprunté à saint François de Sales, patron de ses Religieux. Il consiste à aimer et à se faire aimer, à obtenir par l'affection, ce que les autres s'efforcent d'obtenir par la crainte.

Avant tout, chez les Salésiens, on prévient les fautes pour n'avoir pas à les punir. Eclairer et former la conscience de l'enfant, ouvrir et dilater son cœur en se mêlant à ses jeux, fortifier sa volonté en lui suggérant ce qu'il doit faire, plutôt qu'en le

_____

(1) HUYSMANS, *Esquisse biographique sur Don Bosco.*

lui imposant ; éviter la réglementation minutieuse,
qui énerve plutôt l'élève qu'elle ne l'assouplit ; peu
lui commander pour en obtenir beaucoup ; s'il faut
punir, ne pas employer de répression brutale, les
châtiments violents qui font des révoltés et des in-
soumis, mais priver le coupable des récompenses et
des témoignages d'estime et d'affection, voilà la
méthode instaurée par Dom Bosco, et qu'on n'aurait
garde de modifier.

Dans son réglement le fondateur a expliqué les
avantages de cette méthode. Elle est préférable aux
autres, dit-il, voici pour quels motifs :

« 1° L'élève, préalablement averti, n'est point humilié
par les fautes qu'il commet, comme cela arrive quand
ces fautes sont connues du Supérieur. Il ne s'irrite pas
de la réprimande qui lui est adressée, ou de la pénitence qu'on lui inflige ou dont on le menace. Il y a
toujours dans ce Système un avis affectueux qui lui est
parvenu, qui lui a fait entendre raison, qui souvent a
gagné son cœur, à ce point qu'il désire presque lui-
même le châtiment dont il a reconnu la nécessité.

2° Un motif plus grave encore d'employer ce Système, est dans la légèreté de la jeunesse qui lui fait
oublier en un instant les réglements disciplinaires, et
les châtiments qu'elle peut encourir. Il arrive souvent
qu'un petit enfant se rend coupable et mérite une pénitence sans y avoir fait attention. Ayant agi sans se
souvenir de la loi au moment où il la transgressait, il
aurait certainement évité cette faute si une voix amie
l'avait averti.

3° Le système répressif peut bien empêcher ce dé-
sordre ; difficilement rendra-t-il meilleurs les coupa-
bles. On a observé que les jeunes gens n'oublient pas
les châtiments qu'ils ont subis, et que le plus souvent,
ils gardent rancune avec désir de secouer le joug et
même de se venger. Il semble parfois qu'ils n'y attachent
pas une grande importance, mais quiconque les obser-
vera attentivement, pourra constater combien sont ter-
ribles ces souvenirs de jeunesse. Ils oublient facilement
les punitions de leurs parents, mais très difficilement

celles de leurs maîtres. Il est des enfants qui, châtiés même justement à l'époque de leur éducation, ont accompli leur vengeance brutale jusque dans un âge avancé. Le Système préventif au contraire, rend l'élève ami de son maître en qui il voit un bienfaiteur qui le prévient, qui veut le rendre bon et le préserver de l'ennui, des châtiments et du déshonneur.

4° Le Système préventif rend l'élève prévoyant, en ce sens que son maître pourra toujours lui parler le langage de son cœur, non seulement pendant le temps de l'éducation mais aussi quand il aura quitté la maison. Le maître, ayant gagné le cœur de son protégé, pourra exercer sur lui une grande influence, lui donner des avis, des conseils, et même le corriger alors qu'il se trouvera dans les emplois, dans les fonctions de la vie civile et du commerce. Pour tout ceci et pour bien d'autres raisons, il nous semble que le Système préventif doit être préféré au Système répressif. »

Pour développer les facultés affectives de l'enfant et lui inculquer profondément le sentiment de ses devoirs et le regret de ses fautes, il ne suffit pas de le traiter avec douceur et de lui procurer un peu de cette tendresse maternelle qu'il n'a pas connue. Il faut le lancer hardiment dans la voie de la perfection chrétienne, obtenir le rejet des mauvais instincts par l'exercice répété de la confession, par la communion fréquente. Aussi, suivant la coutume primitive de l'Eglise, Dom Bosco avait-il voulu que les enfants fussent admis de très bonne heure à la première communion. La pratique religieuse continuait très étroitement. Ils s'approchaient constamment du sacrement de Pénitence et recevaient très souvent les Saintes Espèces. Les résultats ainsi obtenus n'ont pu qu'inciter les successeurs de Dom Bosco à mettre en pratique ses exemples.

Le nombre des enfants rebelles à ce traitement est infime. Le cas des incurables est extrêmement rare, et l'insassable patience des maîtres est récompensée par de vrais miracles de la grâce, des caractères modifiés, puis réellement amendés par l'effet de la communion ; ce sont là, faits courants dans les annales de l'Ordre. Dans les écoles Salésiennes qu'il m'a été permis de visiter j'ai pu noter bien des exemples probants. Que les sceptiques sourient, peu importe ! Nous avons sous les yeux ce qui résulte des écoles sans Dieu. Saluons celles où la religion sauvegarde l'enfant et l'arme pour la vie. Plus de 350.000 élèves sont sortis des écoles de Dom Bosco ; pas un n'a jusqu'à présent encouru la plus petite poursuite ou la plus minime des condamnations judiciaires.

TROISIÈME PARTIE

L'Œuvre Salésienne en France.

I

DONNÉES GÉNÉRALES

L'Œuvre Salésienne, nous l'avons dit plus haut, s'est établie en France, pour la première fois, en 1875. Depuis cette époque, grâce à la générosité de nombreux collaborateurs, elle a pu fonder un certain nombre d'établissements où elle élève les enfants de la classe déshéritée. Plus de deux mille petits ouvriers distribués en différents corps d'état, selon leurs goûts et leurs aptitudes s'y exercent à la vie de labeur. A leurs côtés, vivant d'une vie confraternelle, presqu'autant d'aspirants au sacerdoce s'appliquent aux études qui doivent les mener au ministère des autels. L'éducation chrétienne est donnée dans quelques écoles primaires à plusieurs centaines d'enfants du peuple. Au moyen des patronages établis dans les centres populeux grand nombre de jeunes gens trouvent le moyen de se distraire honnêtement et d'accomplir leurs devoirs religieux. Enfin, les sœurs de Marie-Auxiliatrice exercent en divers milieux, le même apostolat d'école primaire et de patronage du dimanche auprès des jeunes filles.

Voici, classées suivant l'ordre de leur fondation, les noms des maisons et Œuvres Salésiennes établies depuis 1875 en France, en Algérie et en Tunisie. Nous donnons quelques détails sur les principaux établissements.

———

II

LISTE DES ÉTABLISSEMENTS

1. — *Patronage Saint Pierre à Nice*, place d'armes. D'abord un modeste externat installé en 1875, par Dom Bosco, rue Victor, dans la paroisse Saint-Victor, sous le patronage de Mgr Sola, évêque de Nice. Dès l'année suivante, ayant pris du développement, il était transféré à la place d'Armes où il se trouve actuellement. En 1877, l'externat était transformé en internat grâce à d'abondantes aumônes et au concours que donnèrent aux fondateurs les membres des conférences de Saint-Vincent de Paul. Bien que cette maison ait été sécularisée en 1902, nous donnons quelques détails, car la plupart s'appliquent aux autres maisons salésiennes. Deux parties absolument distinctes dans l'Etablissement : l'une où les élèves, reçus en qualité d'*étudiants* suivent les cours d'enseignement secondaire classique; l'autre comprend les apprentis à qui l'on donne l'enseignement élémentaire, et une instruction professionnelle convenant à leur âge et à leur condition. Partout ailleurs, en récréation, au réfectoire, à la chapelle, la vie est commune et le régime est le même pour tous.

Les bâtiments se développent sur une longueur de 45 mètres et comprennent un rez-de-chaussée couronné de trois étages superposés : la chapelle des cours de récréation, le logement séparé des religieuses, avec l'infirmerie, les dépendances diverses complétent l'établissement, construit dans des conditions d'aération et de salubrité qui ne laissent rien à désirer. Ceci une fois dit pour les établissements salésiens et pour répondre aux insinuations malveillantes répandues en ces derniers temps.

Au patronage Saint-Pierre de Nice, comme dans l'établissement Saint-Nicolas de Paris, le but est de former des ouvriers chrétiens complets, qui aient une connaissance assez approfondie du métier qu'ils ont choisi pour se suffire à eux-mêmes en sortant d'apprentissage. L'exploitation des ateliers est faite par l'Établissement lui-même qui fournit l'outillage, les matières premières à ouvrer et rend à son profit le produit du travail de ses élèves. (Nous avons dit ailleurs le léger avantage consenti aux apprentis et qui constitue leur petit capital). Les apprentis logés et nourris étant presque tous reçus gratuitement, cette ressource budgétaire n'est pas négligeable, car ses recettes ne s'alimentent guère que par de rares pensions d'élèves et par les générosités d'âmes charitables. Que de peines pour arriver à faire face à un budget de dépenses qui atteint annuellement, une somme de près de 150.000 francs ! La ville de Nice et le conseil général du département donnent de petites subventions annuelles, il est bon de le noter en passant.

Au rez-de-chaussée se trouvent l'imprimerie et la lithographie : 2 machines Marinoni et 2 machines à pédale, une machine Voirin de grand format. A la suite de l'imprimerie, la menuiserie et l'ébénisterie qui profitent de la force motrice d'une petite machine à gaz de 10 chevaux, qui permet de mettre en action des tours à bois et une scie circulaire. Les compositeurs typographes sont au premier étage (l'espace manquant au rez-de-chaussée) et près d'eux la clicherie, la reliure, ainsi que les tailleurs, les cordonniers, les serruriers.

L'ensemble de l'enseignement professionnel au patronage de Saint-Pierre est donc représenté par huit ateliers principaux fréquentés par 133 apprentis. Durée du travail : neuf heures et demie. Le patronage Saint-Pierre a été sécularisé en 1902. L'œuvre subsiste sous cette nouvelle forme et porte le nom de *Société industrielle*.

2° Oratoire Saint-Léon, 78 rue des Princes, à Marseille, fondé en 1878, comprenant : École apostolique, Noviciat pour la formation des chefs d'atelier. Enseignement professionnel et patronages à l'Oriol, à la Belle-de-Mai. 8 ateliers : typographie, lithographie, imprimerie avec fonderie de caractères et stéréotypie, reliure-dorure, menuiserie, ébénisterie, serrurerie mécanique, cordonnerie et tailleurs... (Sécularisé en 1902). Les deux établissements dont nous venons de parler étaient les plus importants de la province du Midi, comme ceux de Lille et de Ménilmontant sont les plus importants de la province du Nord.

3° Orphelinat Saint-Joseph à la Navarre par La Crau, fondée en 1878, comprenant : École apostolique, Noviciat pour la formation des chefs d'ateliers, Enseignement professionnel et patronage. (Egalement sécularisé en 1902).

4° Orphelinat Saint-Isidore, à Saint-Cyr (Var) fondé en 1878, comprenant : Orphelinat agricole de jeunes filles, Enseignement primaire, Ouvroir. (Sœur Salésiennes).

5° Oratoire de la Providence à Saint-Pierre de Canon, par Pelissanne (Bouches-du-Rhône) fondé en 1883 : Noviciat pour la formation du personnel enseignant, Enseignement agricole.

6° Oratoire Saint-Pierre et Saint-Paul à Paris Ménilmontant fondé en 1884, dont nous allons parler longuement tout à l'heure.

7° Orphelinat de Dom Bosco, 288 rue Gambetta, à Lille, fondé en 1884, comprenant : École apostolique, Enseignement professionnel, patronage.

8° Orphelinat Morgant à Guines (Pas-de-Calais), fondé en 1887, comprenant : Orphelinat de jeunes filles, enseignement primaire, ouvrage, patronage et asile. (Tenu par les sœurs de Marie-Auxiliatrice de Dom Bosco.

9° Ferme du Rossignol à Coigneux par Mailly-Maillet (Somme), fondé en 1889, comprenant : Orphelinat agricole, grande culture, élevage.

10° Oratoire de Jésus-Ouvrier à Dinan (Côtes-du-Nord), fondé en 1890, comprenant : École apostolique, enseignement professionnel.

11° Orphelinat Saint-Joseph à Ruitz par Barlin (Pas-de-Calais), fondé en 1891, comprenant : École apostolique, enseignement agricole.

12° Maison des Filles de Marie-Auxiliatrice à Sainte-Marguerite près de Marseille, fondée en 1891, comprenant : Noviciat des Filles de Marie-Auxiliatrice de Dom Bosco, ouvroir.

13° Orphelinat Saint-Louis, 1 rue Ménerville à Oran (Algérie), fondé en 1891 : Classes élémentaires pour externes, patronage et œuvres de jeunesse, œuvre militaire.

14° Orphelinat de Jésus-Adolescent à Eckmühl près Oran (Algérie), fondé en 1891 : Noviciat pour l'Algérie, école apostolique, enseignement primaire et professionnel.

15° Œuvre de la Sainte Famille, cité Montéty à Toulon, fondée en 1893, comprenant : Classes élémentaires pour externes, patronage et œuvre de jeunesse, œuvre des vocations tardives.

16° Oratoire Saint-Antoine de Padoue, route du Pont-Juvénal à Montpellier, fondé en 1893, comprenant : École apostolique, enseignement professionnel, enseignement agricole et patronage (Sécularisé).

17° Maison des sœurs de Marie-Auxiliatrice à Mers-el-Kébis (province d'Oran), fondée en 1893 : Patronage, ouvroir, école primaire.

18° Orphelinat Saint-Jean à Nizas (Hérault), fondé en 1894 : Classes primaires, enseignement agricole (Sécularisé).

19° Orphelinat agricole de Perret à la Marsa (Tunisie), fondé en 1894 : Ecole primaire, enseignement agricole.

20° Maison des Filles de Marie-Auxiliatrice à la Manouba (Tunisie), fondé en 1896, comprenant : Classes primaires, patronage pour jeunes filles, ouvroir.

21° Patronage Saint-Hippolyte à Romans (Drôme), fondé en 1896 : Patronage, cercle de jeunes gens, cordonnerie.

22° Oratoire Saint-Maurice à Rueil (Seine-et-Oise), fondé en 1896, comprenant : Ecole apostolique, noviciat pour la formation du personnel enseignant de la province Salésienne du Nord. Enseignement agricole aux petits jardiniers.

23° Maison de Dom Bosco, rue de l'Ecole, à Tunis, fondé en 1896, comprenant : Paroisse de Notre Dame du Rosaire, œuvre de jeunesse.

24° Orphelinat Saint-Joseph à Montmarat près Lons-le-Saulnier, fondé en 1897, comprenant : Ecole apostolique et orphelinat agricole (Sécularisé).

25° Orphelinat Saint-Gabriel à Saint-Denis, fondé en 1898, dirigé par les Filles de Marie-Auxiliatrice comprenant : Ecole maternelle, cours primaire pour petits garçons et chapelle de secours. Patronage.

26° Orphelinat Saint-Antoine, à Saint-Genis, (Charente-Inférieure), fondé en 1898. — Enseignement agricole, viticulture, grande culture, distillerie, classes primaires.

27° Maison Saint-Charles à Mordreuc (Côtes-du-Nord), fondée en 1899. — Œuvre des vocations tardives de 16 à 30 ans ; Enseignement agricole. — Elevage. — (En procès).

28° Patronage Notre-Dame de Lourdes, 35 rue de Javel à Paris, dont les Salésiens ont pris la direction en 1901.

29° En projet : école d'agriculture de Bar-le-Duc.

MAISONS SUBSISTANTES

Depuis la sécularisation de toute la province du
Midi, il reste, en France des établissements Salésiens:
Paris-Ménilmontant, Paris-Javel, Lille, Dinan,
Saint-Denis, Rueil, Saint-Genis, Ruitz, Le Rossignol,
Bar-le-Duc (en projet) enfin deux établissements de
la province d'Oran, et ceux de Tunisie.

Avant de parler de la Maison de Ménilmontant, il
serait bon de décrire l'organisation des autres établissements subsistants. La place nous manque pour
donner tous les détails désirables, et je ne puis que
renvoyer à l'excellente brochure de M. Emile Cail :
*L'enseignement industriel dans les Etablissements fon-
dés en France par les prêtres salésiens de Don Bosco*
(rapport à l'Exposition universelle de 1900). Rap-
pelons seulement quelques détails utiles. L'agriculture et ses succédanés, viticulture, distillerie, grande
culture, jardinage, sont spécialisés à Saint-Genis,
(Charente), à Rueil (Seine-et-Oise), à la Ferme du
Rossignol (Somme), à Ruitz (Pas-de-Calais), (Filles
de Marie Auxiliatrice.)

Aux Sœurs salésiennes incombe la direction de
l'Ecole maternelle de Saint-Denis (cours primaire
pour petits garçons), des classes primaires et du patronage de jeunes filles de la Manouba, de l'école
primaire de Mers-el-Kébir, de l'Orphelinat de Guines,

de la Maison de Sainte-Marguerite (près Marseille).

La principale des maisons d'Afrique est celle que Dom Bosco avait rêvée et dont il ne put voir la réalisation. En 1890, Mgr Soubrier, évêque d'Oran, s'inquiétant du sort des plus petits de son troupeau, eut l'idée de faire aux Salésiens des propositions que Dom Rua, successeur de Dom Bosco, fut heureux d'accepter. C'est ainsi qu'Oran devint la première station de l'apostolat salésien en Afrique, rue Ménerville, dans l'ancien tribunal civil, qui prenait le nom d'Oratoire Saint-Louis. C'était un externat qui, peu à peu, réunit les œuvres suivantes : *Une école primaire privée* qui a pleinement réussi ; un *Patronage des Écoliers* ouvert pendant les vacances, les jeudis et dimanches et jours de congé ; un *catéchisme pour les adultes*, italiens, espagnols et français échappés au ministère paroissial ; une *maîtrise* pour le service de la paroisse Saint-Louis ; l'*Œuvre des soldats*, (salle de lecture et bibliothèque) ; l'*Union des Anciens*, œuvre de persévérance pour les enfants ayant fréquenté l'établissement.

En même temps se préparait l'ouverture de l'*Oratoire de Jésus Adolescent* à Oran — Eckmühl, inauguré le 15 juin 1893, destiné à recueillir les jeunes gens, orphelins ou pauvres, dont l'oisiveté serait devenue un péril pour la colonie. Ce n'est pas une maison de *correction*, mais une maison de *préservation*. Un prix de pension est fixé, et le *possible* est demandé aux parents ou aux protecteurs de l'enfant. En fait, à Eckmühl, bon nombre d'enfants ont été reçus gratuitement, et très peu avec le maximum de la modique pension régulière.

L'Oratoire de Jésus Adolescent est organisé sur le même pied que les principales fondations salésiennes ; à côté de l'école professionnelle se trouve une division d'étudiants choisis parmi les plus intelligents des élèves et destinés à s'adonner aux études littéraires et scientifiques. L'enseignement professionnel est reparti entre quatre ateliers : cordonniers, tailleurs, menuisiers et serruriers. Trois cours ou années ; élémentaire, moyen et supérieur, couronnés par le *diplôme d'ouvrier*. On ne pousse pas à la *production*, on se préoccupe uniquement de l'avenir de ses apprentis pour les former au travail et à l'économie. Là, comme dans les maisons de Nice, de Marseille, dont nous avons parlé, des gratifications hebdomadaires, des livrets annuels de caisse d'épargne, des objets en nature, outils, linge, vêtements, récompensent les progrès accomplis, stimulent le zèle. Ce petit capital est remis aux ouvriers lorsqu'ils partent, au bout de leurs études, avec le diplôme d'ouvrier. Les ateliers d'Eckmühl ont conquis une grande réputation dans le pays oranais; ils ont du travail en abondance, et c'est une excellente note pour les jeunes ouvriers d'y avoir été apprentis. Ils sont actuellement une soixantaine. Le directeur actuel de l'Etablissement voudrait obtenir de meilleurs résultats encore. « Nous rêvons, écrit-il, de l'apprentissage vulgaire pour devenir une école pratique de contre-maîtres. Convaincus que nos jeunes gens, pourront d'autant plus librement affirmer sans forfanterie leurs croyances religieuses, qu'ils s'imposeront par leur supériorité morale, intellectuelle et professionnelle, convaincus que le bien que nous nous proposons de faire à la Patrie et à l'Eglise sera d'autant plus considérable, que nous nous attacherons à former la portion dirigeante de la classe ouvrière. » Le progamme est beau et plus beau sans doute pourrait en être le résultat ! N'est-ce pas là une raison de plus pour que cette maison soit particulièrement visée ?

IV

L'ORPHELINAT DE DOM BOSCO A LILLE

En novembre 1873, un comité de catholiques fondait, à Lille, un refuge destiné à recueillir et à élever chrétiennement les enfants devenus orphelins du fait de la guerre. D'abord l'administration fut confiée au dévouement des Filles de la Charité.

Neuf ans plus tard, Dom Bosco, sollicité de créer dans le Nord un établissement sur le type de ceux qu'il avait établis en Italie et dans le Midi de la France, fut amené à reprendre l'œuvre du Comité Catholique lillois, et à lui donner de plus grands développements. 57 orphelins étaient recueillis en 1884 ; leur nombre aujourd'hui dépasse 300.

L'établissement est situé au n° 288 de la rue Léon Gambetta dans un des grands quartiers industriels. Il n'a pas la belle ordonnance du Patronage de Saint-Pierre à Nice ; en place des constructions neuves on a utilisé là d'anciennes usines dans lesquelles ont été logés ateliers, dortoirs et services administratifs. Bâtiments vastes, cours aérées, organisation pratique ; l'acquisition récente d'une propriété contigue a permis de donner aux ateliers un peu plus de confortable et d'augmenter le nombre d'enfants recueillis.

A l'orphelinat de Lille, comme dans tous les établissements salésiens — mais il est bon d'y insister

à l'heure présente, — l'enseignement professionnel
occupe la plus grande place. Deux catégories
comme ailleurs, mais les étudiants ne représentent
que le quart des enfants, 80 sur 300.

Tous les enfants sont internes et paient, ou de-
vraient payer un prix de pension de 300 francs par
an, somme déjà minime pour faire face à tous leurs
besoins. Mais bien peu sont en état de le faire ; ils
sont reçus quand même, et leur entretien reste à la
charge de la Providence, — qui jusqu'ici y a pourvu.

Les élèves ne sont reçus aux ateliers qu'à 13 ans
révolus ; ils travaillent huit heures et demie par
jour, et ont, en outre, pendant deux heures, des
cours d'instruction religieuse, d'enseignement primaire, de musique instrumentale, de chant et de
dessin.

Au bout de quatre ans, ils sont pour la plupart
aptes à recevoir le salaire d'ouvrier. Quelques-uns
restent dans l'établissement jusqu'à leur service militaire, certains s'y fixent définitivement ensuite, à
titres d'ouvriers ou de contremaîtres d'apprentissage.

Le plus important des ateliers de l'Orphelinat de
Dom Bosco est celui de l'imprimerie et des industries qui s'y rattachent. Il occupe, avec les spécia-
lités accessoires environ 40 apprentis qui comprennent les typographes avec le matériel ordinaire de
composition ; les imprimeurs qui ont à leur service
quatre grandes presses de format divers, et trois
plus petites, toutes actionnées par un moteur à gaz
de cinq chevaux, et deux presses à pédale, les litho-
graphes, les graveurs sur pierre, les relieurs.

Puis viennent les ateliers des cordonniers, des
tailleurs, 25 enfants environ, la double équipe des
menuisiers, — menuisiers de gros ouvrages et
ébénistes, comprenant 30 enfants. Une vingtaine
sont employés comme graveurs sur métaux, galvano-
plastes, zingueurs, et enfin boulangers.

Les anciens élèves commencent à être assez nombreux pour se grouper en association amicale ; là ceux qui sont dans le besoin sont sûrs de trouver appui, patronage et secours.

La maison de Dom Bosco à Lille est de celles qui ont été le plus particulièrement visées par le réquisitoire ministériel. (1)

(1) On trouvera aux appendices une protestation des Dames du Vestiaire de Lille.

V

LA MAISON DE MENILMONTANT

J'arrive enfin à l'Oratoire Saint-Pierre et Saint-Paul situé à Paris-Ménilmontant, dont on s'occupe tout particulièrement en cet instant même, (1) et sur lequel je puis donner des notes de première main, l'ayant visité dans tous ses détails sous les auspices du Supérieur, le R. P. Bologne.

Dom Bosco avait déclaré que la *Maison de la Capitale* devait devenir *la Capitale de nos maisons de France*. Avant d'acquérir ce titre, il lui fallut subir bien des épreuves.

D'abord, en 1877, un groupe de catholiques, l'abbé Pisani en tête, ému de l'absence d'œuvres ouvrières dans le quartier de Belleville-Ménilmontant, se constitua en comité pour fonder un Patronage de garçons, c'est-à-dire une œuvre de préservation pour la jeunesse.

(1) Voir aux appendices.

Le 1ᵉʳ décembre 1877, grâce à l'appui paroissial, le patronage s'ouvrait 28, rue Boyer. Les enfants vinrent nombreux. Bientôt la maison s'agrandit : une chapelle fut construite, une conférence de Saint-Vincent de Paul fut adjointe au Patronage, et l'idée vint de fonder de plus une école primaire.

Le 16 avril 1879 la première rentrée se faisait avec cinq élèves. Au mois d'octobre suivant, on pouvait garnir trois classes, et en 1883, le nombre des classes put être porté à six pour recevoir les 250 enfants qui s'étaient présentés. A ce moment même l'abbé Pisani tombait gravement malade : son œuvre allait sombrer si M. Blanchard curé de Notre-Dame de Ménilmontant n'avait ouvert une école paroissiale et recueilli les enfants du Patro-nage.

A cette époque, Dom Bosco accomplissait son voyage triomphal à Paris. Il était déjà question de doter la capitale d'un orphelinat Salésien. Dom Bosco s'arrêta à la reprise du Patronage de l'abbé Pisani. Les accords ne furent pas longs, et deux religieux Salésiens en prirent possession le 24 décembre 1884.

Il y a trop d'œuvres excellentes à Paris, pour que, malgré les ressources inépuisables dont dispose la ville de la charité par excellence, une fondation nouvelle ne rencontre pas au début de réelles diffi-cultés. Mais, comme le disait un jour Mᵍʳ d'Hulst, « si quand il s'agit de venir en aide à l'enfance abandonnée, de suppléer à la famille absente ou impuissante, c'est chose désirable partout, dans un centre comme Paris, c'est chose nécessaire. Qu'on n'objecte pas l'existence d'œuvres similaires ; qui donc osera dire que le remède soit proportionné au mal, et que les louables efforts de tant de chrétiens généreux n'aient pas laissé encore un ample champ à moissonner. »

Chacun se mit résolument à la besogne. Le direc-

teur choisi par Dom Bosco réorganisa le patronage
et l'œuvre de première communion pour les enfants
échappés au ministère paroissial... Les ressources
vinrent peu à peu. Au mois de décembre on pouvait déjà recevoir quelques internes, et l'acquisition
d'un nouveau terrain permit l'installation des premiers ateliers : la menuiserie en 1886, les cordonniers et tailleurs en 1887. Une propriété contiguë
fut acquise, le nombre des apprentis porté à 75,
l'œuvre des étudiants se développa, un externat
primaire fut organisé, et de nouvelles constructions
commencées en 1891, purent, deux ans après, recevoir les ateliers et de grands dortoirs confortable-
ment aménagés. Entrons dans l'établissement, et
sous la conduite du père Pauc, préfet, nous allons
tout visiter.

Le très vaste terrain occupé par l'œuvre se trouve
placé entre la rue du Retrait et la rue Boyer, c'est-
à-dire sur une partie de la Butte Ménilmontant,
dont la déclivité est considérable ; entre les deux
entrées de la propriété il y a une différence de ni-
veau de plus de dix mètres. L'ingéniosité de l'ar-
chitecte a été mise à l'épreuve, et il a bien tiré parti
de sa situation. Avec cette disposition du terrain et
deux entrées indépendantes, les internes sont complètement séparés des externes. Les cours de récréation, très vastes, sont également distinctes.

Les premiers, c'est-à-dire les apprentis et les
élèves du cours primaire supérieur de l'Ecole apostolique sont au haut de la côte ; l'entrée de cette
partie des services est 29 rue du Retrait. Les externes qui comprennent : 180 enfants du quartier
fréquentant l'école primaire ; le patronage du jeudi
où sont reçus 150 enfants de diverses écoles de Ménilmontant, et celui du dimanche où 250 jeunes
ouvriers et apprentis de l'extérieur passent la journée entière ; le cercle des Anciens, les deux conférences de Saint-Vincent de Paul, sont installés dans

la partie basse de la propriété, avec leur entrée particulière rue Boyer, 28. Là aussi se trouve la chapelle, l'infirmerie, l'habitation du Supérieur, du Préfet, et le petit théâtre où pour amuser les enfants parfois le dimanche on joue de petites saynètes. Les apprentis constituent le groupe le plus important de l'œuvre des internes. Ils sont au nombre de 150 installés dans les bâtiments neufs inaugurés en 1893 et complétés depuis.

Les menuisiers-ébénistes comptent une trentaine d'élèves qui se sont fait une spécialité de mobilier scolaire, de meubles en bois blanc pour offices et cuisines, de bancs d'église et même de quelques meubles d'appartement.

Les ateliers de tailleurs et cordonniers ont chacun une vingtaine d'apprentis. Les premiers confectionnent des vêtements ecclésiastiques, soutanes, houppelandes, camails, et des vêtements pour le personnel de la maison, exceptionnellement pour les gens du dehors. Les cordonniers entretiennent également l'Etablissement des produits de leur industrie ; de plus ils confectionnent des chaussures pour le dehors et les gros ballons dits *anglais*, de forme allongée, employés dans le jeu du *foot ball* et pour lesquels il faut des cuirs très résistants. L'atelier de serrurerie n'est pas très nombreux, mais on n'y exécute pas moins des travaux importants en grilles pour jardins et églises, des ouvrages en fer forgé.

Sans avoir l'extension de l'imprimerie aujourd'hui sécularisée de Marseille, l'imprimerie de Ménilmontant fonctionne de façon satisfaisante avec une machine Marinoni à retiration, deux machines de grand format, une machine à pédale et un assortiment de caractère très bien fourni. Pour la manœuvre des presses qui exigent une certaine force, l'établissement dispose d'une machine à gaz de 7 chevaux. Revues périodiques et journaux, palmarès, circulaires, brochures, agendas, almanachs, livres classiques, sont imprimés par vingt-cinq apprentis dirigés par des ouvriers expérimentés.

Le développement de l'imprimerie est une caractéristique des maisons de Dom Bosco, la propagation des bons livres devant essayer dans la plus grande mesure possible de faire contrepoids à l'influence de la mauvaise presse. Est-il possible de lutter en face de l'inertie des pouvoirs publics qui laissent s'étaler dans la rue les publications les plus obscènes et les plus immorales? Quoiqu'il en soit, les imprimeries salésiennes rendent de grands services religieux et moraux, et l'on doit les en louer. C'est la branche de travail avec la menuiserie où il semble que les jeunes ouvriers réussissent le mieux. Devant moi, lors de ma dernière visite, se présentaient les bonnes feuilles d'un livre de morale chrétienne et je n'ai pas noté que ce travail fut moins bien soigné que dans d'autres imprimeries, tout au contraire.

La reliure demande une expérience un peu longue. Néanmoins les jeunes ouvriers exécutent des reliures de bibliothèques paroissiales et de livres de prix et de classes qui ne sont pas inférieurs à la moyenne.

Comme dans les autres établissements, l'école primaire a là sa place. Quant à l'enseignement secondaire, il est au deuxième plan comme nombre d'élèves. Là comme à Lille, comme dans les établissements aujourd'hui sécularisés du Midi de la France, les élèves destinés par leur intelligence aux carrières libérales ou au sacerdoce, reçoivent une instruction spéciale, tout en restant confraternellement unis avec leurs petits compagnons. Les classes y sont peu nombreuses; j'en ai noté une où il n'y avait que six élèves. Comme on l'a déjà fait remarquer au début de ce chapitre, ce n'est pas là le but principal de l'œuvre, c'est l'accessoire qui rend des services et qu'on ne répudie pas.

Tel qu'il est avec ses grands espaces, ses dortoirs et ses ateliers bien aérés, son alimentation spirituelle et morale, avec son système de mansuétude chrétienne et de direction paternelle, l'établissement de Ménilmontant est peut-être celui qui rend le plus de services.

Les relations affectueuses que les anciens élèves conservent, après leur sortie, avec leurs anciens maîtres, se traduisent par de fréquentes visites à l'Oratoire, où ils sont accueillis comme les enfants aimés de la famille. Pour resserrer ce lien et entretenir aussi entre eux les sentiments de bonne camaraderie, les anciens élèves se sont constitués en société amicale depuis quelques années déjà; le nombre des adhérents augmente tous les jours.

Lors de l'exposition universelle de 1900, l'oratoire Saint-Pierre et Saint-Paul a exposé dans la classe 108, en collaboration avec les autres maisons de Dom Bosco les moyens employés par l'œuvre pour la formation intellectuelle et morale de la classe ouvrière. Le Jury lui a décerné une médaille d'or... On peut s'étonner que deux ans après l'exposition le même gouvernement vienne déclarer que l'œuvre des religieux couronnés en son nom par un jury international « n'a rien de commun avec la charité et qu'elle n'est en réalité qu'une exploitation de l'enfance et de la crédulité publique !... »

Le cœur se serre à l'idée que ces petits êtres, dirigés par le travail et tout prêts à gagner honorablement leur vie, peuvent être en quelques jours rejetés sur le pavé, que ces âmes trempées, amenées au bien — et le répandant déjà autour d'eux — risquent de se perdre de nouveau et sans retour...; que tout ce bien organisé par Dom Bosco et ses successeurs, que cette moisson en fleur tout cela peut s'abîmer en un instant... Heures mauvaises, heures tristes, mais qui ne sauraient en rien engager l'avenir. L'œuvre salésienne, populaire s'il en fut, rend

trop de services pour que définitive soit sa dé-
chéance. Elle renaîtra pour sauver, instruire et di-
riger dans la vie professionnelle et morale ceux qui,
sans elle, seraient des déshérités, des vagabonds et
des abandonnés.

APPENDICE

Voici l'exposé des motifs :

« En mai 1883, un religieux étranger, Dom Bosco, précédé d'une légende merveilleuse répandue par une presse à sa dévotion arrivait à Paris. Il guérissait d'un mot les malades et les moribonds eux-mêmes, lisait dans les consciences, prédisait l'avenir et voyait à distance. Toute cette thaumaturgie habilement exploitée jusque dans les églises de Paris ne tarda pas à porter ses fruits. En 1883 la première maison était créée à Paris rue du Retrait, 29. Quinze ans plus tard vingt trois autres établissements étaient en pleine activité et un vingt cinquième est actuellement en voie de formation à Popey, près de Bar-le-Duc.

Le gouvernement a examiné les listes du personnel et s'aperçoit que l'élément étranger se mêle à l'élément français dans des proportions considérables. Ceci n'est pas discutable, mais pourrait s'appliquer à d'autres congrégations. Ce n'est donc pas un grief à imputer particulièrement aux Salésiens.

« Ils forment, dit encore l'exposé, une association essentiellement philanthropique, dégagée de tout esprit de lucre. Leur désintéressement serait absolu, leur unique but serait l'assistance de l'enfance abandonnée. » Et le gouvernement de contester qu'il en soit ainsi, déclarant que sous prétexte de charité les Salésiens se livrent à « une exploitation de l'enfance et de la crédulité publique. » Voilà de bien gros mots qu'infirment les faits.

« Les Salésiens, depuis 1901, dit le rapport, ont essayé de tourner la loi. Ils n'ont demandé l'autorisation que pour 12 établissements et ils se sont efforcés de transformer les 13 autres en œuvres diocésaines dirigées par des soi-disant prêtres sécularisés. » Ceci doit être vrai et aucun texte de loi n'interdit cette sécularisation qu'ont du adopter d'autres religieux, ceux-là même contre lesquels s'émousseront toutes les lances gouvernementales. Mais M. Combes refuse toute valeur légale à cette sécularisation.

Ceci ne suffit pas. Il faut discréditer l'œuvre qu'on veut condamner. Après avoir déclaré que la charité n'a pas de patrie et qu'il ne ferait pas opposition à un développement d'une œuvre humanitaire parce qu'elle viendrait de l'étranger, le ministre conclut que l'œuvre des Salésiens n'est nullement une œuvre de bienfaisance proprement dite, que les industries, ne sont pas uniquement employées en France (ceci serait à discuter, comme nous le verrons tout à l'heure). Voici encore qui est plus grave : « Les orphelins recueillis *à grand bruit* sont-ils vraiment hospitalisés par eux et les frais de leur éducation justifient-ils, dans une certaine mesure, leurs quêtes incessantes ? Il suffit d'*examiner le mécanisme de ces pseudo orphelinats* pour se rendre compte qu'il n'en est rien ! » Le paragraphe qui suit vaut la peine d'être cité : »

« Chacun d'eux est installé dans un immeuble provenant, comme tout le reste, de la générosité publique ; il est alimenté d'abord par les pensions que payent soit les familles, soit des personnes charitables (car la gratuité est tellement exceptionnelle qu'elle n'existe pour ainsi dire pas), puis par le produit du travail des enfants, enfin par les offrandes et souscriptions.

« L'enfant est surmené, on exige de lui, et cela dans des conditions d'hygiène et de salubrité déplorables, une surproduction ; il est plus spécialisé à tel point qu'une fois sorti, il ne connaît en réalité aucun métier. De plus, il ne coûte presque rien, puisque sa pension est payée par des tiers ; il ne fait donc que rapporter. Grâce à la gratuité de la main-d'œuvre, la quantité du travail produit en raison de la spécialisation à outrance, les avantages fiscaux qu'ils tirent de leur caractère d'association charitable, il est facile de comprendre les plaintes qu'élèvent, partout où fonctionne un de ces établissements, les industriels et les commerçants qui ne peuvent soutenir un telle concurrence.

« Tour à tour, imprimeurs, éditeurs (et quels éditeurs — toutes leurs publications sont rédigées contre nos institutions), marchands de vins, de liqueurs, de produits pharmaceutiques, leur action économique est néfaste, leur action politique ne l'est pas moins et de toutes les congrégations, c'est peut-être celle dont la combativité persistante nous a été le plus signalée. »

On s'explique la haine du Gouvernement, contre des religieux hostiles à leur système, mais ne voit-on pas tout particulièrement par où le bât le blesse ? L'action économique des Salésiens, le bon marché de la main-d'œuvre, la concurrence aux fabricants protégés « républicainement », voilà le crime qu'il faut punir, et il n'eut qu'une sanction, la suppression.

Les protestations ont été nombreuses et éloquentes contre un énoncé de faits volontairement erroné. Chacun se rappelle l'article sensationnel que publia M. Anatole Leroy Beaulieu dans la *Réforme Sociale* et dans le *Journal des Débats* du 29 décembre.

Point par point le supérieur de Ménilmontant, le R. P. Bologne, a répondu aux allégations de M. Combes. Le *Petit mémorial* de janvier 1903 a publié *in extenso ce* factum où sous la signature de MM. A. Léroy Beaulieu, Georges Picot, A. Babeau, Fagnier, Brunetière, de l'Institut, se lisent celles de membres du clergé, (1) des dames du Vestiaire de Lille (2) d'anciens élèves, de contre-maîtres, d'ouvriers (3) qui protestent hautement contre les insinuations gouvernementales. Il suffit de les lire pour être édifié sur le « luxe » des Salésiens, sur le « surmenage » imposé aux enfants, sur « l'insalubrité » des établissements, sur le « caractère étranger » de l'œuvre etc. Elles sont bien concluantes ces lettres de ceux qui connaissent la question. Auront-ils le plus fort contre ceux qui veulent faire disparaître l'œuvre de Dom Bosco ? Au cours de l'étude qui précède nous avons

---

(1) Mgr Lasne, archiprêtre de saint Maurice, M. le Chanoine Carton, Mgr Sonnois, archevêque de Cambrai, Daniel, curé doyen de Dinan.

(2) Comtesse Houzé de l'Aulnoit, Huet Wattinne, comtesse A de Montigny, Scrive de Néri, Laure Duthoit au nom du comité.

(3) Cherel, chef menuisier à Ménilmontant, Coolzart Vanhaute, Arthur Dierick président et vice président du comité de Lille, Dewalle Donnez secrétaire etc.

suffisamment démontré par les faits le caractère avant tout professionnel des établissements Salésiens, le système de mansuétude qui préside à ces éducations d'enfants pour qu'il ne soit pas nécessaire d'y insister de nouveau.

Pour payer des dettes urgentes, pour faire vivre tout ce monde aux heures d'angoisse et de travail incertain, il fallait faire un appel à la charité privée. M. François Coppée qu'on trouve toujours au premier rang des combattants des bonnes causes a jeté un vivant appel dans le *Gaulois*, du 12 janvier dernier. Cet appel a été entendu, et, généreusement, des donateurs habituels ou inconnus ont paré aux premières nécessités. Combien incertain reste l'avenir !

TABLE DES MATIÈRES

Saint-Amand (Cher). — Imprimerie BUSSIÈRE.